女职工劳动保护特别规定

LAW

全国职工『八五』普法简明读本

学习强会 编

中国工人出版社

本书编委会

（按姓氏笔画为序）

安　静　李　娟　时福茂　吴胜利
佟丽华　陆敬波　赵晨羽　黄乐平
黄家焱　董　彬　褚军花　潘　悦

编者的话

《中央宣传部、司法部关于开展法治宣传教育的第八个五年规划（2021—2025年）》指出，我国开启全面建设社会主义现代化国家新征程，进入新发展阶段，迫切要求进一步提升公民法治素养，推动全社会尊法学法守法用法。2021年9月，中华全国总工会办公厅印发的《关于在工会工作者和职工中开展法治宣传教育的第八个五年规划（2021—2025年）》，要求各级工会组织以习近平法治思想引领工会普法工作，推动普法工作守正创新、提质增效、全面发展。因此，做好普法宣传工作，完善宣传的内容、途径和手段，对于普法工作的开展具有十分重要的意义。

为了进一步推动国家"八五"普法工作，结合全国工会系统开展"八五"普法，适应新就业形态发展和促进劳动关系和谐稳定需要，针对与职工切身利益密切相关的法律法规，我们策划出版了"全国职工'八五'普法简明读本"丛书（共12册）。本丛书以工会开展普法工作为切入点，聚焦职工群众最关心最直接最现实的利益问题，重点解读了与职工劳动权益相关的劳动法律知识。在内容构成上，以法律文本为主线，设置了"职工权益导读"版块，通俗地解答了与职工权益相关的问题，并附录了相关法律文书，方便职工参考使用。

希望这套丛书的出版，能够帮助广大职工了解、掌握一些必备的法律常识，增强法治观念，提高法律素养，同时对工会组织职工、引导职工、服务职工、维护职工合法权益等起到积极的作用。

目 录

Contents

女职工劳动保护特别规定 / 001

职工权益导读 / 006

1　什么是女职工的合法权益和特殊利益？ / 006

2　女职工享有哪些劳动权益？ / 006

3　什么是女职工劳动保护？ / 007

4　女职工劳动保护有哪些作用？ / 008

5　涉及女职工劳动保护的法律法规和规章主要有哪些？ / 009

6　《特别规定》对用人单位女职工劳动保护工作提出了哪些要求？ / 010

7　什么是女职工"四期"保护？ / 011

8　用人单位能否降低孕期、产期、哺乳期女职工工资或与其解除劳动合同？ / 012

9	女职工在经期可享受哪些特殊劳动保护？	/ 013
10	女职工在孕期可享受哪些特殊劳动保护？	/ 013
11	怀孕女职工在劳动时间内按规定进行产前检查是否算作劳动时间？	/ 015
12	能否调整怀孕女职工的工作岗位？	/ 015
13	为什么用人单位不得安排怀孕 7 个月以上的女职工从事夜班劳动或延长劳动时间？	/ 016
14	女职工产假是多长时间？	/ 017
15	女职工怀孕流产享受多少天产假？	/ 017
16	女职工生育或流产的医疗费用如何支付？医疗费用包括哪些？	/ 018
17	女职工在哺乳期可享受哪些特殊劳动保护？	/ 018
18	女职工月经期保健主要有哪些规定？	/ 019
19	女职工孕前保健主要有哪些规定？	/ 020
20	女职工孕期保健主要有哪些规定？	/ 021
21	女职工产后保健主要有哪些规定？	/ 022
22	女职工哺乳期保健主要有哪些规定？	/ 022
23	女职工更年期保健主要有哪些规定？	/ 023
24	企业是否应对女职工定期进行妇科疾病检查？	/ 024
25	用人单位预防和制止性骚扰有哪些责任？	/ 024

26 女职工在遇到性骚扰时，如何更好地维护自己的权益？ / 025
27 女职工在工作中可能接触到哪些职业危害因素？ / 027
28 体力劳动强度如何分级？ / 028
29 为什么女职工不能从事强度比较高的体力劳动？ / 028
30 对限制女职工过度负重有什么规定？ / 029
31 不合理劳动姿势对女职工有哪些影响？ / 029
32 什么是低温作业？ / 030
33 什么是冷水作业？ / 031
34 低温和冷水作业对女职工有哪些不利影响？ / 031
35 什么是高处作业？对怀孕女职工有哪些不利影响？ / 032
36 什么是矿山井下作业？女职工可以从事矿山井下作业吗？ / 032
37 什么是密闭空间内作业？对怀孕女职工有哪些不利影响？ / 033
38 什么是高温作业？对怀孕女职工有哪些不利影响？ / 033
39 为什么怀孕女职工不能从事抗癌药和己烯雌酚的生产？ / 034
40 哪些岗位可能接触麻醉剂气体？对怀孕女职工有什么不良影响？ / 035
41 哪些工作岗位可能接触到非密封型放射源放射物质？ / 035
42 什么是噪声作业？对怀孕女职工有哪些不利影响？ / 036

43	高气压和潜水作业对孕妇有哪些不利影响?	/ 037
44	孕妇为何不宜从事强烈振动的作业?	/ 037
45	频繁弯腰、攀高、下蹲的作业对孕妇有何影响?	/ 038
46	什么是有毒作业?	/ 038
47	常见化学毒物的毒性是怎样分级的?	/ 039
48	哪些化学物被列入了高毒物品目录?	/ 040
49	目前国际上公认有胚胎毒性和能致畸的化学物有哪些?	/ 040
50	为什么要规定职业禁忌证?	/ 041
51	什么是生育保险?	/ 041
52	生育保险费如何缴纳?	/ 042
53	生育保险待遇有哪些?哪些人可以享受生育保险待遇?	/ 042
54	什么是生育津贴?	/ 043
55	生育津贴应按什么标准发放?	/ 043
56	生育津贴以何种方式支付给职工?	/ 044
57	生育医疗费用有哪些具体范围和标准?	/ 044
58	如何结算生育费用?	/ 046
59	什么是工会女职工委员会?它的基本任务有哪些?	/ 047
60	女职工劳动权益受到侵害时,如何维护自己的合法权益?	/ 048

61	用人单位违反《特别规定》给女职工造成损害的，应承担哪些法律责任?	/050
62	哪些部门负有保护女职工劳动保护权益的责任?	/051
63	什么是女职工权益保护专项集体合同?	/052
64	女职工权益保护专项集体合同主要包括哪些内容?	/052
65	工会对推进女职工权益保护专项集体合同工作有什么具体要求?	/053

附　录	/054
《女职工劳动保护规定》与《女职工劳动保护特别规定》对照表	/054
中华人民共和国妇女权益保障法	/061
中华人民共和国社会保险法（摘录）	/073
女职工保健工作规定	/074

女职工劳动保护特别规定

（2012年4月28日中华人民共和国国务院令第619号公布）

第一条 为了减少和解决女职工在劳动中因生理特点造成的特殊困难，保护女职工健康，制定本规定。

第二条 中华人民共和国境内的国家机关、企业、事业单位、社会团体、个体经济组织以及其他社会组织等用人单位及其女职工，适用本规定。

第三条 用人单位应当加强女职工劳动保护，采取措施改善女职工劳动安全卫生条件，对女职工进行劳动安全卫生知识培训。

第四条 用人单位应当遵守女职工禁忌从事的劳动范围的规定。用人单位应当将本单位属于女职工禁忌从事的劳动范围的岗位书面告知女职工。

女职工禁忌从事的劳动范围由本规定附录列示。国务院安全生产监督管理部门会同国务院人力资源社会保障行政部门、国务院卫生行政部门根据经济社会发展情况，对女职工禁忌从事的劳动范围进行调整。

第五条 用人单位不得因女职工怀孕、生育、哺乳降低其工资、予以辞退、与其解除劳动或者聘用合同。

第六条 女职工在孕期不能适应原劳动的，用人单位应当根据医疗机构的证明，予以减轻劳动量或者安排其他能够适应的劳动。

对怀孕 7 个月以上的女职工，用人单位不得延长劳动时间或者安排夜班劳动，并应当在劳动时间内安排一定的休息时间。

怀孕女职工在劳动时间内进行产前检查，所需时间计入劳动时间。

第七条 女职工生育享受 98 天产假，其中产前可以休假 15 天；难产的，增加产假 15 天；生育多胞胎的，每多生育 1 个婴儿，增加产假 15 天。

女职工怀孕未满 4 个月流产的，享受 15 天产假；怀孕满 4 个月流产的，享受 42 天产假。

第八条 女职工产假期间的生育津贴，对已经参加生育保险的，按照用人单位上年度职工月平均工资的标准由生育保险基金支付；对未参加生育保险的，按照女职工产假前工资的标准由用人单位支付。

女职工生育或者流产的医疗费用，按照生育保险规定的项目和标准，对已经参加生育保险的，由生育保险基金支付；对未参加生育保险的，由用人单位支付。

第九条 对哺乳未满 1 周岁婴儿的女职工，用人单位不得延长劳动时间或者安排夜班劳动。

用人单位应当在每天的劳动时间内为哺乳期女职工安排 1 小时哺乳时间；女职工生育多胞胎的，每多哺乳 1 个婴儿每天增加 1 小时哺乳时间。

第十条 女职工比较多的用人单位应当根据女职工的需要，建立女职工卫生室、孕妇休息室、哺乳室等设施，妥善解决女职工在生理卫生、哺乳方面的困难。

第十一条 在劳动场所，用人单位应当预防和制止对女职工的性骚扰。

第十二条 县级以上人民政府人力资源社会保障行政部门、安全生产监督管理部门按照各自职责负责对用人单位遵守本规定的情况进行监督检查。

工会、妇女组织依法对用人单位遵守本规定的情况进行监督。

第十三条 用人单位违反本规定第六条第二款、第七条、第九条第一款规定的，由县级以上人民政府人力资源社会保障行政部门责令限期改正，按照受侵害女职工每人1000元以上5000元以下的标准计算，处以罚款。

用人单位违反本规定附录第一条、第二条规定的，由县级以上人民政府安全生产监督管理部门责令限期改正，按照受侵害女职工每人1000元以上5000元以下的标准计算，处以罚款。用人单位违反本规定附录第三条、第四条规定的，由县级以上人民政府安全生产监督管理部门责令限期治理，处5万元以上30万元以下的罚款；情节严重的，责令停止有关作业，或者提请有关人民政府按照国务院规定的权限责令关闭。

第十四条 用人单位违反本规定，侵害女职工合法权益的，女职工可以依法投诉、举报、申诉，依法向劳动人事争议调解仲裁机构申请调解仲裁，对仲裁裁决不服的，依法向人民法院提起诉讼。

第十五条 用人单位违反本规定，侵害女职工合法权益，造成女职工损害的，依法给予赔偿；用人单位及其直接负责的主管人员和其他直接责任人员构成犯罪的，依法追究刑事责任。

第十六条 本规定自公布之日起施行。1988年7月21日国务院发布的《女职工劳动保护规定》同时废止。

附录：

女职工禁忌从事的劳动范围

一、女职工禁忌从事的劳动范围：

（一）矿山井下作业；

（二）体力劳动强度分级标准中规定的第四级体力劳动强度的作业；

（三）每小时负重6次以上、每次负重超过20公斤的作业，或者间断负重、每次负重超过25公斤的作业。

二、女职工在经期禁忌从事的劳动范围：

（一）冷水作业分级标准中规定的第二级、第三级、第四级冷水作业；

（二）低温作业分级标准中规定的第二级、第三级、第四级低温作业；

（三）体力劳动强度分级标准中规定的第三级、第四级体力劳动强度的作业；

（四）高处作业分级标准中规定的第三级、第四级高处作业。

三、女职工在孕期禁忌从事的劳动范围：

（一）作业场所空气中铅及其化合物、汞及其化合物、苯、镉、铍、砷、氰化物、氮氧化物、一氧化碳、二硫化碳、氯、己内酰胺、氯丁二烯、氯乙烯、环氧乙烷、苯胺、甲醛等有毒物质浓度超过国家职业卫生标准的作业；

（二）从事抗癌药物、己烯雌酚生产，接触麻醉剂气体等的作业；

（三）非密封源放射性物质的操作，核事故与放射事故的应急处置；

（四）高处作业分级标准中规定的高处作业；

（五）冷水作业分级标准中规定的冷水作业；

（六）低温作业分级标准中规定的低温作业；

（七）高温作业分级标准中规定的第三级、第四级的作业；

（八）噪声作业分级标准中规定的第三级、第四级的作业；

（九）体力劳动强度分级标准中规定的第三级、第四级体力劳动强度的作业；

（十）在密闭空间、高压室作业或者潜水作业，伴有强烈振动的作业，或者需要频繁弯腰、攀高、下蹲的作业。

四、女职工在哺乳期禁忌从事的劳动范围：

（一）孕期禁忌从事的劳动范围的第一项、第三项、第九项；

（二）作业场所空气中锰、氟、溴、甲醇、有机磷化合物、有机氯化合物等有毒物质浓度超过国家职业卫生标准的作业。

职工权益导读

1 什么是女职工的合法权益和特殊利益？

女职工的合法权益是指女职工享受宪法及其他法律法规规定的公民、职工享有的权益，同时还享有国家对妇女规定的权益，包括女职工的政治权利、文化教育权益、劳动权益、财产和婚姻家庭权益以及人身权利。女职工的特殊利益是指女职工除享受国家规定的妇女应享有的合法权益外，还享受国家针对女职工生理特点、体力状况、"四期"（经期、孕期、产期、哺乳期）的特殊情况等，对女职工在劳动过程中所给予的特别保护，主要包括不得安排女职工从事禁忌劳动以及对女职工在"四期"的特殊劳动保护。

2 女职工享有哪些劳动权益？

依照我国《中华人民共和国劳动法》（以下简称《劳动法》）第三条的规定，妇女享有如下的劳动权益：

(1) 平等就业的权利。除不适合妇女的工种和岗位外，不得以性别为由拒绝录用妇女和提高对妇女的录用标准。

(2) 选择职业的权利。在法律允许的范围内，妇女有权依照自己的意愿选择自己从事的职业。

(3) 取得劳动报酬的权利。妇女在付出劳动的同时，有权获得相应的劳动报酬。

(4) 休息休假的权利。妇女有权在法定工作时间之外享受法定的休息时间和法定节假日。

(5) 获得劳动安全卫生保护的权利。妇女有权获得特殊的劳动安全保护。

(6) 接受职业技能培训的权利。妇女有权获得必要的职业培训。

(7) 享受社会保险和福利的权利。妇女在退休、患病、负伤、生育、失业等情形下，有权获得社会保险待遇，有权享受国家和用人单位提供的各项福利待遇。

(8) 提请劳动争议处理的权利。妇女与用人单位发生劳动争议，有权依法申请调解、仲裁或提起诉讼。

(9) 法律规定的其他劳动权利。

3 什么是女职工劳动保护？

女职工劳动保护是指国家根据女职工的身体特点，

制定的有关保护她们身体健康的措施。因女性在体能、体力等方面与男性有一定的差异，特别是在月经期、孕期、哺乳期、更年期等生理特殊时期，如果在工作强度、工作环境等方面出现与身体条件不相适应的地方，有可能对女性造成伤害。

因此，国家为了保护女职工的身体健康和体现社会公平，制定了一系列保护措施。

4 女职工劳动保护有哪些作用？

（1）为保护女职工身体健康，国家通过对女职工经期、孕期、产期和哺乳期的"四期"保护，有效地保证了女职工的身体健康。如女职工怀孕期间不得加班加点、不得上夜班等规定，保证了女职工充分的休息时间。国家通过劳动保护的相关政策，从制度上对这部分人员予以照顾，保证她们能顺利地度过生育期。

（2）为提高人口素质，国家对于从事有毒有害工种的怀孕、有哺乳期婴儿的女职工，做出调离原有工作环境的规定，主要考虑不良环境对孕产妇及胎儿、婴儿身体健康不利。如从事放射性工种或在铅、汞、苯、镉等作业场工作的女职工，一旦决定怀孕，就要调离岗位，一直到哺乳期满后再从事原工作，以免有毒有害物质对胎儿、婴儿造成伤害，保证胎儿、婴儿的正常发育。通过上述政策和一些相关办法，使她们在孕期、产期、哺乳期内，劳动时间、劳动强度、工作环境、休息等方面得到相应的照顾，保护女职工和胎儿、婴儿的身体健康。这一制度的实施，是我国新生儿、产妇死亡率下降的一个因素，得到了广大女职工的拥护。

（3）对妇女就业产生了积极的影响。我国女职工在经济社会建设中发挥了重要作用，劳动保护制度为女职工就业提供了保障和支持。无论女职工处在月经期、怀孕期、产期还是哺乳期，都能得到相应的照顾，不会因妇女特殊时期的困难造成失业，为妇女就业解除后顾之忧。

5 涉及女职工劳动保护的法律法规和规章主要有哪些？

新中国成立以来，党和国家为了维护女职工权益，在许多法律法规中都涉及对女职工的劳动保护，主要有：1949年9月通过的《共同纲领》；1951年颁布的《劳动保险条例》（1953年修订）和1953年颁布的《劳动保险条例实施细则修正案》；1955年4月颁布的《关于女工作人员生产假期的通知》（已失效）；1956年5月通过的《工厂安全卫生规程》；1979年批准实行的《工业企业设计卫生标准》；1988年7月颁布的《女职工劳动保护规定》；为配合《女职工劳动保护规定》的贯彻落实，劳动部与有关部门颁布的《关于女职工生育待遇若干问题的通知》《女职工劳动保护问题解答》和《关于纺织工业贯彻国务院〈女职工劳动保护规定〉意见的通知》三个配套文件；1990年颁布的《女职工禁忌劳动范围的规定》（已失效）；1993年颁布的《女职工保健规定》；1995年开始实施的《劳动法》（2009年、2018年修订）；1995年试行的《企业职工生育保险试行办法》；1995年实施的《中华人民共和国母婴保健法》（2009年、2017年修订）；2001年颁布的《中华人民共和国人口与计划生育法》（2015年修订）；2010年颁布的《中华人民共和国社会保险法》（2018年修订）；2012年颁布的《女职工劳动保护特别规定》（以下简称《特别规定》）；1992年颁布的《中华人民共和国妇女权益保障法》（2018年修订）等。

6 《特别规定》对用人单位女职工劳动保护工作提出了哪些要求？

（1）用人单位应当加强女职工劳动保护，采取措施改善女职工劳动安全卫生条件，对女职工进行劳动安全卫生知识培训。

（2）用人单位应当遵守女职工禁忌从事的劳动范围的规定。用人单位应当将本单位属于女职工禁忌从事的劳动范围的岗位书面告知女职工。

(3) 用人单位不得因女职工怀孕、生育、哺乳降低其工资、予以辞退、与其解除劳动或者聘用合同。

(4) 女职工在孕期不能适应原劳动的,用人单位应当根据医疗机构的证明,予以减轻劳动量或者安排其他能够适应的劳动。对怀孕 7 个月以上的女职工,用人单位不得延长劳动时间或者安排夜班劳动,并应当在劳动时间内安排一定的休息时间。

(5) 对哺乳未满 1 周岁婴儿的女职工,用人单位不得延长劳动时间或者安排夜班劳动。用人单位应当在每天的劳动时间内为哺乳期女职工安排 1 小时哺乳时间;女职工生育多胞胎的,每多哺乳 1 个婴儿每天增加 1 小时哺乳时间。

(6) 女职工比较多的用人单位应当根据女职工的需要,建立女职工卫生室、孕妇休息室、哺乳室等设施。妥善解决女职工在生理卫生、哺乳方面的困难。

(7) 在劳动场所,用人单位应当预防和制止对女职工的性骚扰。

7 什么是女职工"四期"保护?

女职工"四期"保护是对女性生理机能变化过程即经期、孕期、产期、哺乳期的劳动保护,主要包括女职工在"四期"禁忌从事的劳动，对孕期、哺乳期延长劳动时间和夜班劳动的限制，产假和哺乳假等规定。女性生理机能决定了女职工有月经、怀孕、生育、哺乳等生理变化，导致女职工在劳动作业能力上发生一定变化，需要特别的保护。

8 用人单位能否降低孕期、产期、哺乳期女职工工资或与其解除劳动合同？

《中华人民共和国妇女权益保障法》（以下简称《妇女权益保障法》）、《中华人民共和国劳动合同法》（以下简称《劳动合同法》）、《特别规定》等均作出规定，为减轻女职工在怀孕、哺乳期间的经济压力和心理压力，确保母婴健康提供了法律保障。《特别规定》第五条明确规定："用人单位不得因女职工怀孕、生育、哺乳降低其工资、予以辞退、与其解除劳动或者聘用合同。"《劳动合同法》第四十二条、第四十五条规定，如果不存在该法第三十九条规定的六种情形之一的，处于孕期、产期、哺乳期的女职工也没有主动提出辞职或者提出解除、终止劳动合同的，用人单位就不得辞退女职工或者与其解除、终止劳动合同。即使此时双方签订的劳动合同到期，如果女职工没有同意终止劳动合同，用人单位也不得单方终止劳动合同，劳动合同期限自动延长到孕期、产期、哺乳期结束。

9 女职工在经期可享受哪些特殊劳动保护?

（1）根据《特别规定》，女职工在经期禁忌从事的劳动范围：冷水作业分级标准中规定的第二级、第三级、第四级冷水作业；低温作业分级标准中规定的第二级、第三级、第四级低温作业；体力劳动强度分级标准中规定的第三级、第四级体力劳动强度的作业；高处作业分级标准中规定的第三级、第四级高处作业。

（2）根据《女职工保健工作规定》，患有重度痛经及月经过多的女职工，经医疗或妇幼保健机构确诊后，月经期间可适当给予1至2天的休假。

10 女职工在孕期可享受哪些特殊劳动保护?

根据《特别规定》，女职工在孕期可享受以下特殊劳动保护：

（1）女职工在孕期不能适应原劳动的，用人单位应当根据医疗机构的证明，予以减轻劳动量或者安排其他能够适应的劳动。

（2）对怀孕7个月以上的女职工，用人单位不得延长劳动时间或者安排夜班劳动，并应当在劳动时间内安排一定的休息时间。

（3）怀孕女职工在劳动时间内进行产前检查，所需时间计入劳动时间。

（4）用人单位不得安排怀孕女职工从事怀孕期间禁忌从事的劳动。女职工在孕期禁忌从事的劳动范围：作业场所空气中铅及其化合物、汞及其化合物、苯、镉、铍、砷、氰化物、氮氧化物、一氧化碳、二硫化碳、氯、己内酰胺、氯丁二烯、氯乙烯、环氧乙烷、苯胺、甲醛等有毒物质浓度超过国家职业卫生标准的作业；从事抗癌药物、己烯雌酚生产，接触麻醉剂气体等的作业；非密封源放射性物质的操作，核事故与放射事故的应急处置；高处作业分级标准中规定的高处作业；冷水作业分级标准中规定的冷水作业；低温作业分级标准中规定的低温作业；高温作业分级标准中规定的第三级、第四级的作业；噪声作业分级标准中规定的第三级、第四级的作业；体力劳动强度分级标准中规定的第三级、第四级体力劳动强度的作业；在密闭空间、高压室作业或者潜水作业，伴有强烈振动的作业，或者需要频繁弯腰、攀高、下蹲的作业。

11 怀孕女职工在劳动时间内按规定进行产前检查是否算作劳动时间？

产前检查是妊娠期对孕妇和胎儿所作的临床检查。由于胎儿的生长发育，孕妇身体各系统会出现一系列相应的变化，若超越生理范围或孕妇本身患有某种疾病不能适应妊娠的改变，则孕妇和胎儿都可能出现病理情况。通过产前检查，能够及早发现并防治合并症（孕妇原有疾病如心脏病）和并发症（孕期发生的疾病如妊娠高血压综合征），及时纠正异常胎位和发现胎儿异常、确定分娩方式等，对母婴健康有重要意义，因此，《特别规定》第六条第三款规定："怀孕女职工在劳动时间内进行产前检查，所需时间计入劳动时间。"

12 能否调整怀孕女职工的工作岗位？

调整怀孕女职工工作岗位有两种情况：

（1）必须调整的情形，即如果女职工怀孕前从事的工作属于孕期禁忌从事的劳动范围，怀孕后必须调离原工作岗位，改为从事不属于孕期禁忌从事的劳动；

（2）可以调整的情形，即虽然女职工孕期从事的工作不属于禁忌从事的劳动范围，但如果怀孕女职工本人感到不能适应原工作，用人单位应当根据医疗机构的证明，减轻劳动量或者安排其他能够适应的劳动。

13 为什么用人单位不得安排怀孕 7 个月以上的女职工从事夜班劳动或延长劳动时间？

夜班泛指在夜间进行工作和从事劳动的时间，同时也指企业在实行多班制的情况下，轮作夜间生产的班次。1989 年原劳动部《关于〈女职工劳动保护规定〉问题的解答》对于夜班作出了明确解释：夜班劳动系指在当日 22 点至次日 6 点之间从事劳动或工作。之所以不得安排怀孕 7 个月以上的女职工从事夜班劳动，是因为人体生理机能活动白天以交感神经活动占优势，是适应活动的状态；而夜间则以副交感神经活动占优势，适于休息和睡眠。夜间作业违反了这种生理节奏，将使疲劳度增加，而连续夜班劳动更会因疲劳的积累而影响身体健康，可能导致体重下降、食欲不振、胃肠机能减弱、血红蛋白含量减少等症状。怀孕 7 个月以上的女职工，由于本身生理变化，精神状态、胃肠机能等方面都比平常差，此时胎儿又正处于生长发育的旺盛期，为了保证女职工和下一代的健康，法规规定，不得安排怀孕 7 个月以上的女职工参加夜班劳动。同时，为确保怀孕 7 个月以上的女职工能获得充足的睡眠和休息，为胎儿的健康发育创造条件，用人单位不得延长其劳动时间。

14　女职工产假是多长时间？

女职工生育享受 98 天产假，其中产前可以休假 15 天；难产的，增加产假 15 天；生育多胞胎的，每多生育 1 个婴儿，增加产假 15 天。女职工怀孕未满 4 个月流产的，享受 15 天产假；怀孕满 4 个月流产的，享受 42 天产假。

15　女职工怀孕流产享受多少天产假？

流产是指妊娠不足 28 周、胎儿体重不足 1000 克而终止妊娠。流产发生在妊娠 12 周前是早期流产，发生在妊娠 12 周至不足 28 周是晚期流产。

流产后女性需要休息调养一段时间才能康复。对此，《特别规定》第七条第二款规定："女职工怀孕未满 4 个月流产的，享受 15 天产假；怀孕满 4 个月流产的，享受 42 天产假。"

16 女职工生育或流产的医疗费用如何支付？医疗费用包括哪些？

《特别规定》第八条第二款规定："女职工生育或者流产的医疗费用，按照生育保险规定的项目和标准，对已经参加生育保险的，由生育保险基金支付；对未参加生育保险的，由用人单位支付。"

根据《中华人民共和国社会保险法》（以下简称《社会保险法》）第五十五条规定，女职工孕产期发生的医疗费用主要包括下列各项：生育的医疗费用（检查费、接生费、手术费、住院费和药费）；计划生育的医疗费用；法律、法规规定的其他项目费用。

17 女职工在哺乳期可享受哪些特殊劳动保护？

根据《特别规定》，女职工在哺乳期可享受以下特殊劳动保护：

（1）对哺乳未满1周岁婴儿的女职工，用人单位不得延长劳动时间或者安排夜班劳动。

（2）用人单位应当在每天的劳动时间内为哺乳期女职工安排1小时哺乳时间；女职工生育多胞胎的，每多哺乳1个婴儿每天增加1小时哺乳时间。

(3) 女职工哺乳婴儿满周岁后，一般不延长哺乳期，如果婴儿身体特别虚弱，经医务部门证明，可将哺乳期酌情延长。如果哺乳期满时正值夏季，也可延长一两个月。根据《女职工保健工作规定》第十二条第三款规定："婴儿满周岁时，经县（区）以上（含县、区）医疗或保健机构确诊为体弱儿，可适当延长授乳时间，但不得超过6个月。"

(4) 女职工在哺乳期禁忌从事的劳动范围：孕期禁忌从事的劳动范围的第一项、第三项、第九项；作业场所空气中锰、氟、溴、甲醇、有机磷化合物、有机氯化合物等有毒物质浓度超过国家职业卫生标准的作业。

18 女职工月经期保健主要有哪些规定？

根据《女职工保健工作规定》第七条规定，月经期保健主要包括：

(1) 宣传普及月经期卫生知识。

(2) 女职工在100人以上的单位，应逐步建立女职工卫生室，健全相应的制度并设专人管理，对卫生室管理人员应进行专业培训。女职工每班在100人以下的单位，应设置简易的温水箱及冲洗器。对流动、分散工作单位的女职工应发放单人自用冲洗器。

(3) 女职工在月经期间不得从事《女职工禁忌劳动

范围的规定》中第四条所规定的作业。

（4）患有重度痛经及月经过多的女职工，经医疗或妇幼保健机构确诊后，月经期间可适当给予1至2天的休假。

19 女职工孕前保健主要有哪些规定？

根据《女职工保健工作规定》第九条规定，孕前保健主要包括：

（1）已婚待孕女职工禁忌从事铅、汞、苯、镉等作业场所属于《有毒作业分级》标准中第Ⅲ—Ⅳ级的作业。

（2）积极开展优生宣传和咨询。

（3）对女职工应进行妊娠知识的健康教育，使她们在月经超期时主动接受检查。

（4）患有射线病、慢性职业中毒、近期内有过急性中毒史及其它有碍母体和胎儿健康疾病者，暂时不宜妊娠。

（5）对有过两次以上自然流产史，现又无子女的女职工，应暂时调离有可能直接或间接导致流产的作业岗位。

20 女职工孕期保健主要有哪些规定？

根据《女职工保健工作规定》第十条规定，孕期保健主要包括：

（1）自确立妊娠之日起，应建立孕产妇保健卡（册），进行血压、体重、血、尿常规等基础检查。对接触铅、汞的孕妇，应进行尿中铅、汞含量的测定。

（2）定期进行产前检查、孕期保健和营养指导。

（3）推广孕妇家庭自我监护，系统观察胎动、胎心、宫底高度及体重等。

（4）实行高危孕妇专案管理，无诊疗条件的单位应及时转院就诊，并配合上级医疗和保健机构严密观察和监护。

（5）女职工较多的单位应建立孕妇休息室。妊娠满7个月应给予工间休息或适当减轻工作。

（6）妊娠女职工不应加班加点，妊娠7个月以上（含7个月）一般不得上夜班。

（7）女职工妊娠期间不得从事劳动部颁布的《女职工禁忌劳动范围的规定》第六条所规定的作业。

（8）从事立位作业的女职工，妊娠满7个月后，其工作场所应设立工间休息座位。

（9）有关女职工产前、产后、流产的假期及待遇按

1988年国务院颁发的《女职工劳动保护规定》(国务院令第9号)和1988年劳动部《关于女职工生育待遇若干问题的通知》(劳险字<1988>2号)执行。

21 女职工产后保健主要有哪些规定？

根据《女职工保健工作规定》第十一条规定，产后保健主要包括：

(1) 进行产后访视及母乳喂养指导。

(2) 产后42天对母子进行健康检查。

(3) 产假期满恢复工作时，应允许有1至2周时间逐渐恢复原工作量。

22 女职工哺乳期保健主要有哪些规定？

根据《女职工保健工作规定》第十二条规定，哺乳期保健主要包括：

(1) 宣传科学育儿知识，提倡4个月内纯母乳喂养。

(2) 对有未满1周岁婴儿的女工，应保证其授乳时间。

(3) 婴儿满周岁时，经县（区）以上（含县、区）医疗或保健机构确诊为体弱儿，可适当延长授乳时间，但不得超过6个月。

(4）有未满 1 周岁婴儿的女职工，一般不得安排上夜班及加班、加点。

(5）有哺乳婴儿 5 名以上的单位，应逐步建立哺乳室。

(6）不得安排哺乳女职工从事《女职工劳动保护规定》（现为《特别规定》）和《女职工禁忌劳动范围的规定》所指出的作业。

23 女职工更年期保健主要有哪些规定？

根据《女职工保健工作规定》第十三条规定，更年期保健主要包括：

(1）宣传更年期生理卫生知识，使进入更年期的女职工得到社会广泛的关怀。

(2）经县（区）以上（含县、区）的医疗或妇幼保健机构诊断为更年期综合症者，经治疗效果仍不显著，且不适应原工作的，应暂时安排适宜的工作。

(3）进入更年期的女职工应每 1 至 2 年进行一次妇科疾病的查治。

24 企业是否应对女职工定期进行妇科疾病检查？

女职工的身体结构和生理机能决定了她们在参与国家经济建设的同时还承担了繁衍后代、照顾子女的责任，所以女职工的健康状况不仅关系到女职工自身和家庭，而且关系到下一代和整个民族的健康，因此保护女职工的身体健康是用人单位应尽的责任和义务。《女职工保健工作规定》第十三条规定："进入更年期的女职工应每1至2年进行一次妇科疾病的查治。"第十四条规定："对女职工定期进行妇科疾病及乳腺疾病的查治。"

25 用人单位预防和制止性骚扰有哪些责任？

性骚扰多数情况下具有隐蔽性、突发性，缺乏实物证据，取证困难，且多数受害人害怕在升学、就业、提职、涨薪及其他利益方面受到损害或者受传统观念影响而不愿意声张。《特别规定》明确规定了在劳动场所，用人单位应当预防和制止对女职工的性骚扰。这是首次在劳动法领域确立此项制度，在法制建设历程中具有里程碑意义，为下一步地方和部门立法细化奠定了基础并留出了空间。

《中华人民共和国刑法》明确规定了猥亵、侮辱妇女罪及侮辱、诽谤罪。《中华人民共和国治安管理处罚法》（以下简称《治安管理处罚法》）第四十四条也做了明确规定。

具体到用人单位，用人单位应当在单位内部建立切实可行的反性骚扰的制度，包括：明确解释哪些行为构成被禁止的性骚扰的行为，建立有效的举报途径及举报程序；规定有相应的反报复措施，保证举报的员工不会受到报复；建立及时高效的调查程序，接到举报后要首先确定是否有性骚扰事实存在；一旦确认性骚扰事实存在，要给予骚扰者严厉的单位内部处理。

26 女职工在遇到性骚扰时，如何更好地维护自己的权益？

女职工遭遇劳动场所性骚扰后，应当积极向本单位受理投诉的机构或者个人投诉。如果本单位没有专门的机构或者个人负责，可以向工会，市、区妇女儿童工作委员会，妇联等机构投诉，获得他们的法律援助。性骚扰行为违反了《治安管理处罚法》，受害人可以提请公安机关对违法行为人依法给予罚款、拘留等行政处罚。性骚扰演变成强制猥亵妇女罪、强奸罪或者故意伤害罪等犯罪行为，则应当及时向当地公安机关报案，依法追究其刑事责任。受害人还可以直接向法院起诉，把骚扰者及其所在单位作为共同被告，要求被告停止侵害、赔礼道歉、赔偿经济损失并支付精神损害抚慰金。

公安机关对女职工实施性骚扰的违法行为人依法予以行政处罚：

（1）公然侮辱女职工的。对此行为，由公安机关处5日以下拘留或者500元以下罚款；情节严重的，处5日以上10日以下拘留，可以并处500元以下罚款。

（2）多次发送淫秽、侮辱、恐吓或者其他信息，干扰女职工正常生活的。对此行为，由公安机关处5日以下拘留或者500元以下罚款；情节严重的，处5日以上10日以下拘留，可以并处500元以下罚款。

（3）猥亵女职工或者在公共场所故意裸露身体，情节恶劣的。对此行为，由公安机关处5日以上10日以下拘留，可以并处500元以下罚款。

对实施性骚扰的违法行为的追究，除了公安机关的行政处罚外，更重要的是，受害女职工要勇于依法向法院主张权利。由于不是所有的性骚扰行为都构成违反《治安管理处罚法》行为，对于那些因为没有造成严重的后果，而尚未构成违反《治安管理处罚法》的性骚扰行为，受害人可以通过向人民法院提起民事诉讼，依法追究违法行为人的民事责任，如要求赔礼道歉、恢复名誉、请求侵权损害赔偿和精神损害赔偿等方式，维护自身的合法权益。法律规定违法当事人承担精神损害赔偿责任的方式有：致人精神损害，未造成严重后果的，可判令侵权人停止损害、恢复名誉、消除影响、赔礼道歉；造成严重后果的，应根据受害人一方的请求同时判令侵权人赔偿相应的精神损害抚慰金。

27 女职工在工作中可能接触到哪些职业危害因素？

在工业生产活动中，女职工可能接触的职业危害因素主要有：化学毒物，如铅、汞、镉等重金属，苯、正己烷、二氯化碳等有机溶剂，还有生产性粉尘；物理因素，如核与放射性物质、高强度噪声、电磁辐射、振动、超高温、超低温等；生物因素，如养殖、皮毛加工、林区作业可能接触到的布氏杆菌、森林脑炎病毒等；还有超长时间、超强负荷、人机工效学因素导致的职业危害；以及高新技术行业可能接触到的一些有害因素。

企业在组织生产劳动过程中，应当加强对女职工的劳动保护，不得安排女职工从事禁忌劳动；应当采取措施改善劳动安全卫生条件，对女职工进行劳动安全卫生知识培训；应当将本单位存在职业病危害的岗位书面告知女职工，依法开展职业健康监护和职业卫生监测，切实保护女职工的职业健康与生殖健康。

28　体力劳动强度如何分级?

根据我国体力劳动强度分级国家标准（GB 3869），体力劳动强度指数用于区分劳动强度等级。指数大，反映体力劳动强度大；指数小，反映体力劳动强度小。标准中规定：劳动强度指数小于15，体力强度为Ⅰ级；大于15小于20，为Ⅱ级；大于20小于50，为Ⅲ级；大于50，为Ⅳ级。如需要了解具体工种劳动强度的大小，可请当地劳动部门劳动安全卫生检测站实地测量和计算。

29　为什么女职工不能从事强度比较高的体力劳动?

女职工长期从事高强度的劳动，对女性生理机能会产生不良影响，主要有以下几个方面：

（1）从事重体力劳动的妇女，月经失调较为多见，可出现痛经、月经过多，少数还可表现为月经不规则、闭经等。

（2）从事重体力劳动时，由于用力而使腹压增加。腹压增加可导致子宫等器官被压向下，出现一时性的子宫下垂。如果长期持续重复作用，可使子宫倒后和轻度的子宫脱落。

(3）未成年的女性长期从事重体力劳动，可能影响骨盆的正常发育，造成骨盆狭窄或扁平骨盆。

(4）孕妇从事重体力劳动，有发生自然流产或早产的危险。

30 对限制女职工过度负重有什么规定？

国家体力搬运重量限制标准（GB 12330—90）规定，从事体力装卸、搬运工作，由于性别不同、负荷方式不同，对搬运负荷量的标准均有相应的限值标准。在搬、扛、推／拉三种负重方式的情况下，女性单次负重分别为10公斤、20公斤、200公斤。

《特别规定》中规定，女职工禁忌从事每小时负重6次以上、每次负重超过20公斤的作业，或者间断负重、每次负重超过25公斤的作业。

31 不合理劳动姿势对女职工有哪些影响？

长时间站立工作，可使女职工腹压增高、盆腔瘀血，导致月经不调，下肢容易出现水肿、静脉曲张等症状。长期坐位工作，会使血液循环不流畅，影响下肢静脉回流，易使骨盆充血，引起月经不调、痔疮及使盆腔炎加重；同时腹内压力增大，使骨盆肌肉弛缓，易引起便秘；

长期坐位工作的怀孕女职工分娩时宫缩减弱，会阴容易撕裂。对怀孕的女职工来讲，长时间蹲位或弯腰会压迫腹部，影响胎儿发育，引起流产、早产。怀孕晚期的女职工行动不便，而且常常有下肢浮肿现象，更不适宜参加这类工作。

32 什么是低温作业？

按照国家低温作业分级（GB/T 14440）的规定，低温作业是指在生产劳动过程中，其工作地点平均气温等于或低于5℃的作业。低温作业时间率是指一个劳动日在低温环境中净劳动时间占工作日总时间的百分率。

工作环境平均气温等于或低于5℃的作业，即属于低温作业。例如各类冷冻冷藏作业、寒冷季节野外（户外）作业等属于全身性受冷的作业。低温作业享受劳动保护待遇。按一个工作日实际接触低温作业时间4小时，作业环境温度分别为5～0℃、0～-10℃、-10～-15℃、-15～-20℃四个档次，将低温作业分为一、二、三、四级，级别越高表示冷强度越大。

《特别规定》中规定，女职工在月经期间和怀孕期间不得从事低温作业。

33 什么是冷水作业？

根据国家冷水作业分级（GB/T 14439），冷水作业是指在生产过程中，操作人员接触冷水（属于身体如手脚等局部受冷作业）温度等于或小于12℃的作业。冷水作业时间率是指在一个工作日内操作人员实际接触冷水作业的时间占工作日总时间的百分率。

《特别规定》中规定，女职工在月经期间和怀孕期间不得从事冷水作业。

34 低温和冷水作业对女职工有哪些不利影响？

水的导热系数（0.54W/mk）比空气（0.024W/mk）大20多倍。同温度条件下，接触水较接触空气时的体热损失快，肢体容易受冷。女职工在经期身体对寒冷反应较敏感，尤其是肢体末梢对寒冷的耐受力下降，感觉末梢有冷痛感或反射性引起全身冷感。

冷水作业主要易引起肢体末梢血管收缩，血液循环减少，致使关节部位及腹部受冷、子宫收缩，引起关节疼痛、手局部发生冻疮，以及妇女月经不调、痛经、白带增多等妇科疾病，所以当女性接触冷水作业时，应当加强防护措施。

35 什么是高处作业？对怀孕女职工有哪些不利影响？

按照国家高处作业分级标准（GB 3608）规定，高处作业是指坠落高度在基准面 2 米以上的作业。例如，在建筑行业站在脚手架上劳动，脚底踩着部位距地面的垂直高度。按垂直高度分别为 2～5 米、5～15 米、15～30 米、30 米以上四个档次，依次把高处作业分为一级高处作业、二级高处作业、三级高处作业和特级高处作业。高处作业多见于建筑、桥梁施工等行业。

女职工在怀孕期间身体相对处于敏感期，体质相对也较弱，反应速度减慢，行动迟缓，高处作业的危险性增高，因此女职工在怀孕期间不宜从事高处作业。

36 什么是矿山井下作业？女职工可以从事矿山井下作业吗？

矿山井下作业包括煤矿、非煤矿山、各类矿山野外露天采矿（如露天煤矿、铁矿开采）、井下（地下）采矿、开凿隧道、修地铁、地下工程建筑等。

矿山井下作业接触多种影响安全健康的因素，作业环境条件差，体力劳动繁重，或存在某些化学毒物等。

因此，为保护女职工职业健康与生殖健康，女职工不能从事矿山井下作业。

37 什么是密闭空间内作业？对怀孕女职工有哪些不利影响？

密闭空间内作业主要是指在贮存罐、贮存塔、反应罐、反应池、下水管道、地下坑、贮藏窖、仓储等密闭或半开放的空间内作业，多见于石油、化工等行业。

由于密闭空间系统处理不干净，残存有毒有害、易燃易爆物质；空间通风不良，氧气不足；周围环境存在复杂的危险因素等，易发生中毒、窒息、火灾、爆炸等职业安全与职业病危害事故，这些都会对孕妇和胎儿造成严重伤害。

38 什么是高温作业？对怀孕女职工有哪些不利影响？

国家高温作业分级（GB/T 4200）规定，高温作业是指工作地点平均 WBGT 指数等于或大于 25℃ 的作业。WBGT 也称"湿球黑球温度"，它涵盖了温度、湿度、辐射热、风速等多种气象因素，是目前国际劳工组织和世界卫生组织以及各国公认的衡量作业环境热强度大小的指标之一。

按一个工作日实际接触高温作业时间 4 小时，WBGT 指数分别为 25～28℃、29～32℃、33～36℃、37～40℃，依次将高温作业分为一、二、三、四级，级别越高表示作业环境的热强度越大。

高温作业容易导致体温调节功能紊乱，水、电解质失衡，发生中暑反应，严重时会引起心血管、神经系统、肝肾功能损害等，严重的中暑反应会影响孕妇及胎儿健康，或导致流产、早产。怀孕女职工禁忌从事高温作业分级三级以上的作业。

39 为什么怀孕女职工不能从事抗癌药和己烯雌酚的生产？

抗癌药和己烯雌酚对胚胎有毒性作用，抗癌药可致胚胎发育异常（染色体突变）进而导致自然流产率增高，己烯雌酚容易导致儿童期恶性肿瘤（癌症）患病率增高，是国际上公认的人类经胎盘致癌原。也就是说，抗癌药和己烯雌酚有突变致癌作用，怀孕女职工不宜接触。

40 哪些岗位可能接触麻醉剂气体？对怀孕女职工有什么不良影响？

最常见的麻醉剂如甲醚、乙醚，职业接触多见于使用乙醚的实验室人员、医院手术麻醉室医护人员等。吸入高浓度麻醉剂气体可出现麻醉反应。

长期接触较低浓度的麻醉剂气体，可出现头痛、头晕、疲倦、嗜睡、恶心、呕吐、便秘、食欲不振、血液红细胞增多、蛋白尿等情况。怀孕女职工接触麻醉剂气体会影响胎儿健康发育，可导致自然流产率增高。

41 哪些工作岗位可能接触到非密封型放射源放射物质？

非密封型放射源放射物质在工业生产方面主要见于核能、核燃料生产、使用与回收；在医药卫生方面主要见于核医学研究、放射性同位素治疗与科学实验室放射性同位素（如碳14）的使用；在农业方面主要见于诸如采用同位素示踪技术等。

电离辐射对人类的阈值范围是 0.1～0.2Gy。国际放射防护委员会（ICRP）建议，妇女孕期对下腹部照射应不超过 2mSv，并限制放射性核素的摄入量，约控制在

1/20 年摄入量限值以下。

42 什么是噪声作业？对怀孕女职工有哪些不利影响？

噪声是指存在有损听力、有害健康或有其他危害的声音。工人每天 8 小时或每周 40 小时在噪声暴露等效 A 声级大于等于 80dB 的作业，即为噪声作业。

噪声分级标准是按照噪声强度与接触噪声时间计算指数。按指数大小将噪声强度分为 0 级——安全级、Ⅰ级——轻度危害、Ⅱ级——中度危害、Ⅲ级——高度危害、Ⅳ级——极度危害五个级别。

国家职业卫生标准规定，8 小时工作日内，工作环境等效 A 声级噪声强度不应超过 85dB。所以当工作环境噪声小于或等于 85dB 为安全作业，大于 85～97dB 为轻度危害（Ⅰ级），97～103dB 为中度危害（Ⅱ级），103～109dB 为高度危害（Ⅲ级），大于 109dB 以上为极度危害（Ⅳ级）。标准还明确规定，如果接触噪声超过 115dB，无论工作时间长短，均属于极度危害范围。

高强度噪声易损害女性生殖功能，导致胎动增加，胎儿在母体内发育迟缓，自然流产、早产和低出生体重儿发生率增高。因此，怀孕女职工禁忌从事噪声作业分级三级以上的作业。

43 高气压和潜水作业对孕妇有哪些不利影响？

高气压作业环境会使人的呼吸循环系统的功能受到影响，容易造成人体血管痉挛、血液循环不畅、部分组织缺血或者局部淤血等不良反应。孕妇在高气压环境下作业，可影响胎儿正常发育，严重时可导致死胎或自然流产。

潜水作业属于特殊环境下的作业，也属于高气压作业，因为水的密度是空气的 800 倍，即每下潜 10 米就会增加 1 个大气压。另外，水的导热系数远大于空气，作业环境温度低，易造成体温过低症。

因此孕妇不宜从事潜水（包括水产养殖、水下探险、水下考古、休闲娱乐潜水等）、沉箱、隧道、高压氧舱、加压治疗舱、高气压科学研究舱等环境条件的工作。

44 孕妇为何不宜从事强烈振动的作业？

长期从事振动作业可导致孕妇全身振动病或局部振动病。孕妇接触强烈振动作业，可引起自然流产的发生率增高。

45 频繁弯腰、攀高、下蹲的作业对孕妇有何影响?

频繁弯腰、攀高、下蹲的作业可导致局部肢体酸胀麻木，而其他部位供血不足，可能引起孕妇腹压增加，影响孕妇腹部血液循环功能，造成子宫供血不足、胎儿缺氧，影响胎儿发育，增加自然流产的危险性。因此孕妇不宜从事频繁弯腰、攀高、下蹲的作业，如装卸、搬运等。

46 什么是有毒作业?

国家有毒作业分级（GB 12331）规定：职工在存在生产性毒物的工作地点从事生产或劳动的作业，按毒物危害程度级别、有毒作业劳动时间、毒物浓度超标倍数三项指标计算有毒作业分级指数，指数越大有毒作业级别越高，分为一级（指数 $0 \sim 6$，为轻度危害）、二级（指数 $6 \sim 24$，为中度危害）、三级（指数 $24 \sim 96$，为高度危害）、四级（指数 > 96，为极度危害）。

毒物的毒性指标主要是指毒物引起机体损害的能力，一般来讲毒物的致死剂量越小，毒性越大，这与毒物的理化性质等有关。毒物对人体的危害主要包括局部刺激反应、中毒反应、过敏反应、非特异性反应、致畸、致突变、致癌。常见的毒物主要来源于工业生产过程，包括生产原料、辅助剂、中间体、成品、副产品、杂质和废弃物处理等作业环节。

孕妇接触一定剂量的化学物品，可能会造成儿童先天性缺陷，如唇腭裂、心脏室间隔缺损、心血管畸形、中枢神经系统缺陷等。

47 常见化学毒物的毒性是怎样分级的？

按照国家职业性接触毒物危害程度分级（GB 5400—85）规定，我国对常见的不同种类毒物的危害程度分级。按其危害程度从高到低共分四类四级：

一级（极度危害）化学毒物：苯、汞及其化合物、砷及其化合物、氯乙烯、铬酸盐、重铬酸盐、黄磷、铍及其化合物、对硫磷、羰基镍、氰化物、八氟异丁烯、氯甲醚、锰及其化合物。

二级（高度危害）化学毒物：三硝基甲苯、铅及其化合物、二硫化碳、氯丙烯腈、四氯化碳、硫化氢、甲醛、苯胺、氟化氢、氯乙烯、五氯酚及其钠盐、敌百虫、镉及其化合物、钒及其化合物、溴甲烷、硫酸二甲酯、金属镍、环氧氯丙烷、甲苯二异氰酸酯、砷化氢、敌敌畏、光气、氯丁二烯、一氧化碳、硝基苯。

三级（中度危害）化学毒物：苯乙烯、甲醇、硝酸、硫酸、盐酸、甲苯、二甲苯、三氯乙烯、苯酚、二甲基甲酰胺、六氟丙烯、氮氧化物。

四级（轻度危害）化学毒物：溶剂汽油、丙酮、氢氧化钠、四氟乙烯、氨等。

48　哪些化学物被列入了高毒物品目录？

卫生部于 2003 年发布了《高毒物品目录》，在目录中共列举了 54 种高毒物品，如甲基苯胺、异丙基苯胺、氨、苯、苯胺、丙烯酰胺、丙烯腈、对硝基苯胺、对硝基氯苯／二硝基氯苯、二苯胺、二甲基苯胺、二硫化碳、二氯代乙炔、二硝基苯、二硝基（甲）苯、二氧化（一）氮、氟化氢、镉、汞、铅、锰、砷、铊、甲醛、氰化物、一氧化碳等。

49　目前国际上公认有胚胎毒性和能致畸的化学物有哪些？

国际上公认的与胎儿畸形有关的化学物包括：二苯基乙内酰脲、叶酸拮抗剂、无机碘化物、锂、有机汞、性类固醇、链霉素、四环素、反应停、硫脲化合物、3,5,5-三甲基-2,4-二氧噻唑烷、杀鼠灵、甲醇等；有胚胎毒性的化学物包括：二甲基甲酰胺、铅及其化合物、苯系物、汞与甲基汞、锰、镉、西维因等；能够引起自然流产、早产或死产增加的化学物包括：氯乙烯、二溴氯丙烷、黄磷、砷、砷酸、锑、镉、铟、铅、二硫化碳与某些有机溶剂等。

50 为什么要规定职业禁忌证？

职业禁忌证是指某些疾病（或某种生理缺陷）的患者，如果从事某种职业，可因职业性危害因素使病情加重或易于发生事故，这种疾病（或生理缺陷）即为该职业的职业禁忌证。

换句话说，某些职业危害因素对正常人不会造成健康损害，但对于职业禁忌证者却可能造成健康损害，或者使原来的疾病加重。规定职业禁忌证主要是为了防止这些特殊人群受职业危害因素的影响，保护他们的健康。

51 什么是生育保险？

生育保险是社会保险的一种，是在职业妇女因生育子女而暂时中断劳动时由国家或单位为其提供生活保障和物质帮助的一项社会制度。生育保险提供的生活保障和物质帮助，通常由现金补助和实物供给两部分组成。

生育保险通过提供有薪假期、生育津贴、医疗服务等待遇，帮助妇女安全地度过生育期，从而保护她们的身体健康，并使婴儿得到必要的照顾和哺育。

52 生育保险费如何缴纳？

《中华人民共和国社会保险法》（以下简称《社会保险法》）第五十三条规定，职工应当参加生育保险，由用人单位按照国家规定缴纳生育保险费，职工不缴纳生育保险费。

生育保险实施按属地原则，生育保险费用实行社会统筹。

53 生育保险待遇有哪些？哪些人可以享受生育保险待遇？

根据《社会保险法》第五十四条的规定，生育保险待遇包括生育医疗费用和生育津贴。

用人单位已经缴纳生育保险费的，其职工享受生育保险待遇；职工未就业配偶按国家规定享受生育医疗费用待遇。所需资金从生育保险基金中支付。

54 什么是生育津贴?

生育津贴是女职工休产假或计划生育假离开工作岗位期间,由生育保险基金支付给其的生活保障费用。《社会保险法》第五十六条规定,职工有下列情形之一的,可以按照国家规定享受生育津贴:(1)女职工生育享受产假;(2)享受计划生育手术休假;(3)法律、法规规定的其他情形。

55 生育津贴应按什么标准发放?

我国生育津贴的支付标准分两种情况:

(1)参加生育保险的用人单位,生育津贴由生育保险基金支付,其支付标准是按用人单位上年度职工月平均工资。

(2)没有参加生育保险的用人单位,生育津贴由用人单位按照女职工生育或者流产前工资标准支付。目前,全国各统筹地区的规定,有与上述标准一致的,也有不同的。但是法律已经明确了生育津贴计发标准,地方政府应当按照法律规定进行统一和规范。

56 生育津贴以何种方式支付给职工？

各地根据本地区情况制定了生育津贴的支付办法，其支付方式主要有两种：一是由社保经办机构通过银行将生育津贴按月划入职工银行账户；二是社保经办机构将生育津贴支付给用人单位，再由用人单位发放给职工。女职工可向企业工会及工会女职工组织或当地的社保机构咨询各地的具体办法。

57 生育医疗费用有哪些具体范围和标准？

生育医疗费用分为生育的医疗费用、计划生育的医疗费用和法律、法规规定的其他项目费用。具体标准、各统筹规定不尽相同。

根据原劳动部《企业职工生育保险试行办法》的规定，主要有：

（1）女职工生育的检查费、接生费、手术费、住院费和药费由生育保险基金支付。超出规定的医疗服务费和药费（含自费药品和营养药品的药费）由职工个人负担。

（2）女职工生育出院后，因生育引起疾病的医疗费，由生育保险基金支付；其他疾病的医疗费，按照医疗保险待遇的规定办理。女职工产假期满后，因病需要休息治疗，按照有关病假待遇和医疗保险待遇规定办理。

（3）女职工生育或流产后，本人或所在企业持当地计划生育部门签发的计划生育证明，婴儿出生、死亡或流产证明，到当地社会保险经办机构办理手续，领取生育津贴和报销生育医疗费。

为妥善解决城镇职工计划生育手术费用问题，原劳动和社会保障部、原国家计划生育委员会、财政部和原卫生部在1999年9月28日共同发布了《关于妥善解决城镇职工计划生育手术费用问题的通知》，对各地具体规定范围和标准做了原则性规定，包括：

（1）职工计划生育手术费用是指职工因实行计划生育需要，实施放置（取出）宫内节育器、流产术、引产术、绝育及复通手术所发生的医疗费用。

（2）已经建立地方企业职工生育保险的地区，参保单位职工的计划生育手术费用可列入生育保险基金支付范围。没有建立企业职工生育保险的地区，在建立城镇职工基本医疗保险制度时，可以将符合基本医疗保险有关规定的参保单位职工计划生育手术费用纳入基本医疗保险统筹基金支付范围。没有参加生育保险和基本医疗保险的单位，职工计划生育手术费用仍由原渠道解决。

（3）参保职工在基本医疗保险定点医疗机构和经计划生育行政管理部门、劳动保障部门认可的计划生育服务机构实施计划生育手术，其费用可以由相应的社会保险基金支付。经有关部门鉴定，属于职工计划生育手术并发症的治疗费用，由基本医疗保险基金支付，属于按照有关规定开支以外的必需费用，由用人单位解决。因计划生育手术造成的医疗事故，按照有关医疗事故处理的规定执行。

58 如何结算生育费用？

目前国家对生育费用的结算方式还没有做统一规定，各地生育保险医疗费结算方式主要有三种：

（1）职工生育后由社会保险经办机构与定点医疗机构按照单病种定额标准结算，职工不再垫付诊疗费，并且实现了各定点医疗机构与社会保险经办机构之间微机联网，生育诊疗费实行网上结算。

（2）由职工个人先垫付生育医疗费，然后将医疗费的收据、处方等相关材料经用人单位汇总后，在规定的时间内到社保经办机构报销。

（3）由职工个人先垫付生育医疗费，然后直接到社保经办机构报销。

职工可通过当地社会保险机构咨询本地区生育费用的具体结算办法。

59 什么是工会女职工委员会？它的基本任务有哪些？

工会女职工委员会是在同级工会委员会领导下的具有民主性、代表性的女职工组织，根据女职工的特点和意愿开展工作。根据《工会女职工委员会工作条例》的规定，工会女职工委员会的基本任务主要有：

（1）团结动员女职工发扬工人阶级主人翁精神，积极投身改革开放和社会主义现代化建设，在全面建设小康社会、构建社会主义和谐社会中建功立业。

（2）依法维护女职工在政治、经济、文化、社会和家庭等方面的合法权益和特殊利益，同一切歧视、虐待、摧残、迫害女职工的行为作斗争。

（3）参与有关保护女职工权益的法律、法规、政策的制定和完善，并监督、协助有关部门贯彻实施。代表和组织女职工依照法律规定，参加本单位的民主管理和民主监督，参与平等协商、签订集体合同和女职工权益保护等专项集体合同工作，指导和帮助女职工签订劳动合同。参与涉及女职工特殊利益的劳动关系协调和劳动争议的调解，及时反映侵害女职工权益问题，督促和参与侵权案件的调查处理。做好对困难女职工的帮扶救助工作。

（4）对女职工进行思想政治教育，引导女职工树立自尊、自爱、自立、自强精神，全面提高女职工的思想道德、科学文化、业务技能和健康素质。

（5）积极发现、培养女性人才，及时向有关部门推荐优秀女性人才。

（6）会同工会有关部门和社会有关方面共同做好女职工工作。有关方面研究决定涉及女职工利益的问题时，必须听取女职工组织的意见。

（7）与国际妇女组织开展友好交流活动，为妇女解放事业作出贡献。

维护女职工的合法权益和特殊利益是工会女职工组织的基本职责。

60 女职工劳动权益受到侵害时，如何维护自己的合法权益？

女职工要增强法律意识和自我保护意识，善于根据不同的侵权行为、侵权内容，运用法律武器等维护自己的正当权益。《劳动法》《劳动合同法》《妇女权益保障法》《特别规定》等多部法律法规，都明确规定了女职工合法权益和特殊利益不容侵犯。广大女职工可以通过以下途径依法维护自己的合法权益：

（1）向工会及工会女职工组织寻求帮助。工会及工会女职工组织是代表女职工利益的群众组织，是党和政府联系广大女职工的桥梁和纽带，代表和维护广大女职工的合法权益和特殊利益，女职工在合法权益受到侵害时，可以向所在企业或地方的工会女职工组织寻求帮助。

（2）向所在单位和地方的劳动调解委员会和劳动争议仲裁委员会申请调解和仲裁。

女职工因确认劳动关系发生的争议；因订立、履行、变更、解除和终止劳动合同发生的争议；因除名、辞退和辞职、离职发生的争议；因工作时间、休息休假、社会保险、福利、培训以及劳动保护发生的争议；因劳动报酬、工伤医疗费、经济补偿或者赔偿金等发生的争议；法律、法规规定的其他劳动争议，均可以与用人单位协商，也可以请工会或者第三方共同与用人单位协商达成和解协议。

若发生劳动争议后，女职工不愿协商、协商不成或者达成和解协议后不履行的，女职工可以向所在单位和地方的劳动争议仲裁委员会申请调解；不愿调解、调解不成或者达成调解协议后不履行的，女职工可以向劳动争议仲裁委员会申请仲裁；对仲裁裁决不服的，除法律另有规定外，可以向人民法院提起诉讼。

（3）可以要求有关主管部门处理。女职工因人身、财产权益受到侵害，可以要求公安机关制止和处理；因劳动和社会保障权益受到侵犯，可以要求人力资源社会保障行政部门处理；对于通过传播媒介或者其他方式贬低损害女职工人格的行为，可以要求文化、新闻等有关主管部门依据各自的职权责令改正，并依法给予行政处罚等。

（4）可以向人民法院提起诉讼。女职工的民事权益（如财产权益、婚姻家庭权益等）受到公民或组织的侵害时，可以向法院提起民事诉讼。女职工的权益被行政机关和行政机关工作人员的具体行为所侵犯的，当事人可以将行政机关作为被告，向人民法院提起行政诉讼。女职工的人身权利受到不法侵害的，可以用自诉方式向人民法院提起刑事诉讼，要求追究行为人的刑事责任。

61 用人单位违反《特别规定》给女职工造成损害的，应承担哪些法律责任？

《特别规定》第十三条规定，用人单位违反本规定第六条第二款、第七条、第九条第一款规定的，由县级以上人民政府人力资源社会保障行政部门责令限期改正，按照受侵害女职工每人1000元以上5000元以下的标准计算，处以罚款。

用人单位违反本规定附录第一条、第二条规定的，由县级以上人民政府安全生产监督管理部门责令限期改正，按照受侵害女职工每人1000元以上5000元以下的标准计算，处以罚款。用人单位违反本规定附录第三条、第四条规定的，由县级以上人民政府安全生产监督管理部门责令限期治理，处5万元以上30万元以下的罚款；情节严重的，责令停止有关作业，或者提请有关人民政府按照国务院规定的权限责令关闭。

《特别规定》第十五条规定，用人单位违反本规定，侵害女职工合法权益，造成女职工损害的，依法给予赔偿；用人单位及其直接负责的主管人员和其他直接责任人员构成犯罪的，依法追究刑事责任。

62 哪些部门负有保护女职工劳动保护权益的责任？

《特别规定》第十二条规定："县级以上人民政府人力资源社会保障行政部门、安全生产监督管理部门按照各自职责负责对用人单位遵守本规定的情况进行监督检查。工会、妇女组织依法对用人单位遵守本规定的情况进行监督。"

用人单位不执行《特别规定》，使女职工的利益受到损害的，女职工可以通过仲裁机构或司法途径寻求解决办法，《特别规定》第十四条规定："用人单位违反本规定，侵害女职工合法权益的，女职工可以依法投诉、举报、申诉，依法向劳动人事争议调解仲裁机构申请调解仲裁,对仲裁裁决不服的,依法向人民法院提起诉讼。"

63 什么是女职工权益保护专项集体合同？

女职工权益保护专项集体合同,是指用人单位与本单位女职工根据法律、法规、规章的规定,就女职工合法权益和特殊利益方面的内容通过平等协商签订的专项书面协议,对于用人单位和本单位的女职工具有法律约束力。

女职工专项集体合同是集体合同的重要组成部分,是工会维护女职工合法权益和特殊利益的重要机制和手段。

女职工专项集体合同与集体合同中女职工专项附件、专章的协商和签订的程序、法律效力一样。前者是法律要件齐备、可以单独成立的专门合同,后两者则依附于综合性集体合同而存在。

64 女职工权益保护专项集体合同主要包括哪些内容？

女职工权益保护专项集体合同主要包括的内容有：

(1) 女职工的劳动经济权利：劳动就业、同工同酬、休息休假、保险福利待遇等。

（2）女职工的特殊利益：女职工禁忌劳动保护、"四期"保护、妇科疾病普查、生育待遇等。

（3）女职工的政治文化教育发展权利：职业教育、技术培训、晋职晋级、参与企业民主管理等。

（4）双方认为应当协商的其他内容。

65 工会对推进女职工权益保护专项集体合同工作有什么具体要求？

凡建立工会女职工组织并签订了集体合同的单位，都要积极推行女职工权益保护专项集体合同；尚未建立集体合同制度的单位，可通过平等协商，先行签订女职工权益保护专项集体合同；对不具备单独签订专项集体合同条件的企业，可以综合性集体合同附件或专章的形式对女职工权益保护作出规定；女职工人数较少，规模较小的企业，可通过签订区域性、行业性的女职工权益保护专项集体合同来覆盖。

附 录

《女职工劳动保护规定》与《女职工劳动保护特别规定》对照表

（条文中黑体字部分是对原条文所作的修改或者补充的内容）

修改前	修改后
女职工劳动保护规定	女职工劳动保护特别规定
第一条 为维护女职工的合法权益，减少和解决女职工在劳动和工作（以下统称劳动）中因生理特点造成的特殊困难，保护其健康，以利于社会主义现代化建设，制定本规定。	**第一条** 为了减少和解决女职工在劳动中因生理特点造成的特殊困难，保护**女职工**健康，制定本规定。
第二条 本规定适用于中华人民共和国境内一切国家机关、人民团体、企业、事业单位（以下统称单位）的女职工。	**第二条** 中华人民共和国境内的国家机关、企业、事业单位、**社会团体、个体经济组织以及其他社会组织等用人单位**及其女职工，适用本规定。
第三条 凡适合妇女从事劳动的单位，不得拒绝招收女职工。	
第四条 不得在女职工怀孕期、产期、哺乳期降低其基本工资，或者解除劳动合同。	
	第三条 用人单位应当加强女职工劳动保护，采取措施改善女职工劳动安全卫生条件，对女职工进行劳动安全卫生知识培训。
	第四条 用人单位应当遵守女职工禁忌从事的劳动范围的规定。用人单位

续 表

修 改 前	修 改 后
	应当将本单位属于女职工禁忌从事的劳动范围的岗位书面告知女职工。 女职工禁忌从事的劳动范围由本规定附录列示。国务院安全生产监督管理部门会同国务院人力资源社会保障行政部门、国务院卫生行政部门根据经济社会发展情况，对女职工禁忌从事的劳动范围进行调整。
	第五条 用人单位不得因女职工怀孕、生育、哺乳降低其工资、**予以辞退**、与其解除劳动或者**聘用**合同。
第五条 禁止安排女职工从事矿山井下、国家规定的第四级体力劳动强度的劳动和其他女职工禁忌从事的劳动。	
第六条 女职工在月经期间，所在单位不得安排其从事高空、低温、冷水和国家规定的第三级体力劳动强度的劳动。	
第七条 女职工在怀孕期间，所在单位不得安排其从事国家规定的第三级体力劳动强度的劳动和孕期禁忌从事的劳动，不得在正常劳动日以外延长劳动时间；对不能胜任原劳动的，应当根据医务部门的证明，予以减轻劳动量或者安排其他劳动。 怀孕七个月以上（含七个月）的女职工，一般不得安排其从事夜班劳动；在劳动时间内应当安排一定的休息时间。 怀孕的女职工，在劳动时间内进行产前检查，应当算作劳动时间。	**第六条** 女职工在孕期不能适应原劳动的，用人单位应当根据医疗机构的证明，予以减轻劳动量或者安排其他**能够适应**的劳动。 对怀孕7个月以上的女职工，**用人单位不得延长劳动时间**或者安排夜班劳动，**并**应当在劳动时间内安排一定的休息时间。 怀孕女职工在劳动时间内进行产前检查，**所需时间计入**劳动时间。

续表

修改前	修改后
第八条 女职工产假为九十天,其中产前休假十五天。难产的,增加产假十五天。多胞胎生育的,每多生育一个婴儿,增加产假十五天。 女职工怀孕流产的,其所在单位应当根据医务部门的证明,给予一定时间的产假。	**第七条** 女职工生育享受 98 天产假,其中产前**可以**休假 15 天;难产的,增加产假 15 天;生育多胞胎的,每多生育 1 个婴儿,增加产假 15 天。 **女职工怀孕未满 4 个月流产的,享受 15 天产假;怀孕满 4 个月流产的,享受 42 天产假。**
	第八条 女职工产假期间的生育津贴,对已经参加生育保险的,按照用人单位上年度职工月平均工资的标准由生育保险基金支付;对未参加生育保险的,按照女职工产假前工资的标准由用人单位支付。 女职工生育或者流产的医疗费用,按照生育保险规定的项目和标准,对已经参加生育保险的,由生育保险基金支付;对未参加生育保险的,由用人单位支付。
第九条 有不满一周岁婴儿的女职工,其所在单位应当在每班劳动时间内给予其两次哺乳(含人工喂养)时间,每次三十分钟。多胞胎生育的,每多哺乳一个婴儿,每次哺乳时间增加三十分钟。女职工每班劳动时间内的两次哺乳时间,可以合并使用。哺乳时间和在本单位内哺乳往返途中的时间,算作劳动时间。	**第九条** 对哺乳未满 1 周岁婴儿的女职工,用人单位不得延长劳动时间或者安排夜班劳动。 用人单位应当在每天的劳动时间内为哺乳期女职工安排 **1 小时**哺乳时间;女职工生育多胞胎的,每多哺乳 1 个婴儿每天增加 **1 小时**哺乳时间。
第十条 女职工在哺乳期内,所在单位不得安排其从事国家规定的第三级体力劳动强度的劳动和哺乳期禁忌从事的劳动,不得延长其劳动时间,一般不得安排其从事夜班劳动。	

续　表

修 改 前	修 改 后
第十一条　女职工比较多的单位应当按照国家有关规定，以自办或者联办的形式，逐步建立女职工卫生室、孕妇休息室、哺乳室、托儿所、幼儿园等设施，并妥善解决女职工在生理卫生、哺乳、照料婴儿方面的困难。	**第十条**　女职工比较多的用人单位应当根据女职工的需要，建立女职工卫生室、孕妇休息室、哺乳室等设施，妥善解决女职工在生理卫生、哺乳方面的困难。
	第十一条　在劳动场所，用人单位应当预防和制止对女职工的性骚扰。
第十二条　女职工劳动保护的权益受到侵害时，有权向所在单位的主管部门或者当地劳动部门提出申诉。受理申诉的部门应当自收到申诉书之日起三十日内作出处理决定；女职工对处理决定不服的，可以在收到处理决定书之日起十五日内向人民法院起诉。	
第十三条　对违反本规定侵害女职工劳动保护权益的单位负责人及其直接责任人员，其所在单位的主管部门，应当根据情节轻重，给予行政处分，并责令该单位给予被侵害女职工合理的经济补偿；构成犯罪的，由司法机关依法追究刑事责任。	
第十四条　各级劳动部门负责对本规定的执行进行检查。 　　各级卫生部门和工会、妇联组织有权对本规定的执行进行监督。	**第十二条**　县级以上人民政府人力资源社会保障行政部门、安全生产监督管理部门按照各自职责负责对用人单位遵守本规定的情况进行监督检查。 　　工会、妇女组织依法对用人单位遵守本规定的情况进行监督。
	第十三条　用人单位违反本规定第六条第二款、第七条、第九条第一款规定的，由县级以上人民政府人力资源

续　表

修改前	修改后
	社会保障行政部门责令限期改正，按照受侵害女职工每人1000元以上5000元以下的标准计算，处以罚款。 　　用人单位违反本规定附录第一条、第二条规定的，由县级以上人民政府安全生产监督管理部门责令限期改正，按照受侵害女职工每人1000元以上5000元以下的标准计算，处以罚款。用人单位违反本规定附录第三条、第四条规定的，由县级以上人民政府安全生产监督管理部门责令限期治理，处5万元以上30万元以下的罚款；情节严重的，责令停止有关作业，或者提请有关人民政府按照国务院规定的权限责令关闭。
	第十四条　用人单位违反本规定，侵害女职工合法权益的，女职工**可以依法投诉、举报、申诉，**依法向劳动人事争议调解仲裁机构申请调解仲裁，对仲裁裁决不服的，依法向人民法院提起诉讼。
	第十五条　用人单位违反本规定，侵害女职工合法权益，造成女职工损害的，依法给予赔偿；用人单位及其直接负责的主管人员和其他直接责任人员构成犯罪的，依法追究刑事责任。
第十五条　女职工违反国家有关计划生育规定的，其劳动保护应当按照国家有关计划生育规定办理，不适用本规定。	
第十六条　女职工因生理特点禁忌从事劳动的范围由劳动部规定。	

续 表

修改前	修改后
第十七条 省、自治区、直辖市人民政府可以根据本规定，制定具体办法。	
第十八条 本规定由劳动部负责解释。	
第十九条 本规定自1988年9月1日起施行。1953年1月2日政务院修正发布的《中华人民共和国劳动保险条例》中有关女工人、女职员生育待遇的规定和1955年4月26日《国务院关于女工作人员生产假期的通知》同时废止。	**第十六条** 本规定自公布之日起施行。1988年7月21日国务院发布的《**女职工劳动保护规定**》同时废止。

附录：

女职工禁忌从事的劳动范围

一、女职工禁忌从事的劳动范围：

（一）矿山井下作业；

（二）体力劳动强度分级标准中规定的第四级体力劳动强度的作业；

（三）每小时负重6次以上、每次负重超过20公斤的作业，或者间断负重、每次负重超过25公斤的作业。

二、女职工在经期禁忌从事的劳动范围：

（一）冷水作业分级标准中规定的第二级、第三级、第四级冷水作业；

（二）低温作业分级标准中规定的第二级、第三级、第四级低温作业；

（三）体力劳动强度分级标准中规定的第三级、第四级体力劳动强度的作业；

（四）高处作业分级标准中规定的第三级、第四级高处作业。

三、女职工在孕期禁忌从事的劳动范围：

（一）作业场所空气中铅及其化合物、汞及其化合物、苯、镉、铍、砷、氰化物、氮氧化物、一氧化碳、二硫化碳、氯、己内酰胺、氯丁二烯、氯乙烯、环氧乙烷、苯胺、甲醛等有毒物质浓度超过国家职业卫生标准的作业；

（二）从事抗癌药物、己烯雌酚生产，接触麻醉剂气体等的作业；

（三）非密封源放射性物质的操作，核事故与放射事故的应急处置；

（四）高处作业分级标准中规定的高处作业；

（五）冷水作业分级标准中规定的冷水作业；

（六）低温作业分级标准中规定的低温作业；

（七）高温作业分级标准中规定的第三级、第四级的作业；

（八）噪声作业分级标准中规定的第三级、第四级的作业；

（九）体力劳动强度分级标准中规定的第三级、第四级体力劳动强度的作业；

（十）在密闭空间、高压室作业或者潜水作业，伴有强烈振动的作业，或者需要频繁弯腰、攀高、下蹲的作业。

四、女职工在哺乳期禁忌从事的劳动范围：

（一）孕期禁忌从事的劳动范围的第一项、第三项、第九项；

（二）作业场所空气中锰、氟、溴、甲醇、有机磷化合物、有机氯化合物等有毒物质浓度超过国家职业卫生标准的作业。

中华人民共和国妇女权益保障法

（1992年4月3日第七届全国人民代表大会第五次会议通过　根据2005年8月28日第十届全国人民代表大会常务委员会第十七次会议《关于修改〈中华人民共和国妇女权益保障法〉的决定》第一次修正　根据2018年10月26日第十三届全国人民代表大会常务委员会第六次会议《关于修改〈中华人民共和国野生动物保护法〉等十五部法律的决定》第二次修正）

目　录

第一章　总　　则

第二章　政治权利

第三章　文化教育权益

第四章　劳动和社会保障权益

第五章　财产权益

第六章　人身权利

第七章　婚姻家庭权益

第八章　法律责任

第九章　附　　则

第一章 总　　则

第一条 为了保障妇女的合法权益，促进男女平等，充分发挥妇女在社会主义现代化建设中的作用，根据宪法和我国的实际情况，制定本法。

第二条 妇女在政治的、经济的、文化的、社会的和家庭的生活等各方面享有同男子平等的权利。

实行男女平等是国家的基本国策。国家采取必要措施，逐步完善保障妇女权益的各项制度，消除对妇女一切形式的歧视。

国家保护妇女依法享有的特殊权益。

禁止歧视、虐待、遗弃、残害妇女。

第三条 国务院制定中国妇女发展纲要，并将其纳入国民经济和社会发展规划。

县级以上地方各级人民政府根据中国妇女发展纲要，制定本行政区域的妇女发展规划，并将其纳入国民经济和社会发展计划。

第四条 保障妇女的合法权益是全社会的共同责任。国家机关、社会团体、企业事业单位、城乡基层群众性自治组织，应当依照本法和有关法律的规定，保障妇女的权益。

国家采取有效措施，为妇女依法行使权利提供必要的条件。

第五条 国家鼓励妇女自尊、自信、自立、自强，运用法律维护自身合法权益。

妇女应当遵守国家法律，尊重社会公德，履行法律所规定的义务。

第六条 各级人民政府应当重视和加强妇女权益的保障工作。

县级以上人民政府负责妇女儿童工作的机构，负责组织、协调、指导、督促有关部门做好妇女权益的保障工作。

县级以上人民政府有关部门在各自的职责范围内做好妇女权益的保障工作。

第七条 中华全国妇女联合会和地方各级妇女联合会依照法律和中华全国妇女联合会章程，代表和维护各族各界妇女的利益，做好维护妇女权益的工作。

工会、共产主义青年团，应当在各自的工作范围内，做好维护妇女权益的工作。

第八条 对保障妇女合法权益成绩显著的组织和个人，各级人民政府和有关部门给予表彰和奖励。

第二章 政治权利

第九条 国家保障妇女享有与男子平等的政治权利。

第十条 妇女有权通过各种途径和形式，管理国家事务，管理经济和文化事业，管理社会事务。

制定法律、法规、规章和公共政策，对涉及妇女权益的重大问题，应当听取妇女联合会的意见。

妇女和妇女组织有权向各级国家机关提出妇女权益保障方面的意见和建议。

第十一条 妇女享有与男子平等的选举权和被选举权。

全国人民代表大会和地方各级人民代表大会的代表中，应当有适当数量的妇女代表。国家采取措施，逐步提高全国人民代表大会和地方各级人民代表大会的妇女代表的比例。

居民委员会、村民委员会成员中，妇女应当有适当的名额。

第十二条 国家积极培养和选拔女干部。

国家机关、社会团体、企业事业单位培养、选拔和任用干部，必须坚持男女平等的原则，并有适当数量的妇女担任领导成员。

国家重视培养和选拔少数民族女干部。

第十三条 中华全国妇女联合会和地方各级妇女联合会代表妇女积极参与国家和社会事务的民主决策、民主管理和民主监督。

各级妇女联合会及其团体会员，可以向国家机关、社会团体、企业事业单位推荐女干部。

第十四条 对于有关保障妇女权益的批评或者合理建议，有关部门应当听取和采纳；对于有关侵害妇女权益的申诉、控告和检举，有关部门必须查清事实，负责处理，任何组织或者个人不得压制或者打击报复。

第三章　文化教育权益

第十五条 国家保障妇女享有与男子平等的文化教育权利。

第十六条 学校和有关部门应当执行国家有关规定，保障妇女在入学、升学、毕业分配、授予学位、派出留学等方面享有与男子平等的权利。

学校在录取学生时，除特殊专业外，不得以性别为由拒绝录取女性或者提高对女性的录取标准。

第十七条 学校应当根据女性青少年的特点,在教育、管理、设施等方面采取措施,保障女性青少年身心健康发展。

第十八条 父母或者其他监护人必须履行保障适龄女性儿童少年接受义务教育的义务。

除因疾病或者其他特殊情况经当地人民政府批准的以外,对不送适龄女性儿童少年入学的父母或者其他监护人,由当地人民政府予以批评教育,并采取有效措施,责令送适龄女性儿童少年入学。

政府、社会、学校应当采取有效措施,解决适龄女性儿童少年就学存在的实际困难,并创造条件,保证贫困、残疾和流动人口中的适龄女性儿童少年完成义务教育。

第十九条 各级人民政府应当依照规定把扫除妇女中的文盲、半文盲工作,纳入扫盲和扫盲后继续教育规划,采取符合妇女特点的组织形式和工作方法,组织、监督有关部门具体实施。

第二十条 各级人民政府和有关部门应当采取措施,根据城镇和农村妇女的需要,组织妇女接受职业教育和实用技术培训。

第二十一条 国家机关、社会团体和企业事业单位应当执行国家有关规定,保障妇女从事科学、技术、文学、艺术和其他文化活动,享有与男子平等的权利。

第四章 劳动和社会保障权益

第二十二条 国家保障妇女享有与男子平等的劳动权利和社会保障权利。

第二十三条 各单位在录用职工时,除不适合妇女的工种或者岗位外，不得以性别为由拒绝录用妇女或者提高对妇女的录用标准。

各单位在录用女职工时，应当依法与其签订劳动（聘用）合同或者服务协议，劳动（聘用）合同或者服务协议中不得规定限制女职工结婚、生育的内容。

禁止录用未满十六周岁的女性未成年人，国家另有规定的除外。

第二十四条 实行男女同工同酬。妇女在享受福利待遇方面享有与男子平等的权利。

第二十五条 在晋职、晋级、评定专业技术职务等方面，应当坚持男女平等的原则，不得歧视妇女。

第二十六条 任何单位均应根据妇女的特点，依法保护妇女在工作和劳动时的安全和健康，不得安排不适合妇女从事的工作和劳动。

妇女在经期、孕期、产期、哺乳期受特殊保护。

第二十七条 任何单位不得因结婚、怀孕、产假、哺乳等情形，降低女职工的工资，辞退女职工，单方解除劳动（聘用）合同或者服务协议。但是，女职工要求终止劳动（聘用）合同或者服务协议的除外。

各单位在执行国家退休制度时，不得以性别为由歧视妇女。

第二十八条 国家发展社会保险、社会救助、社会福利和医疗卫生事业，保障妇女享有社会保险、社会救助、社会福利和卫生保健等权益。

国家提倡和鼓励为帮助妇女开展的社会公益活动。

第二十九条 国家推行生育保险制度,建立健全与生育相关的其他保障制度。

地方各级人民政府和有关部门应当按照有关规定为贫困妇女提供必要的生育救助。

第五章 财产权益

第三十条 国家保障妇女享有与男子平等的财产权利。

第三十一条 在婚姻、家庭共有财产关系中,不得侵害妇女依法享有的权益。

第三十二条 妇女在农村土地承包经营、集体经济组织收益分配、土地征收或者征用补偿费使用以及宅基地使用等方面,享有与男子平等的权利。

第三十三条 任何组织和个人不得以妇女未婚、结婚、离婚、丧偶等为由,侵害妇女在农村集体经济组织中的各项权益。

因结婚男方到女方住所落户的,男方和子女享有与所在地农村集体经济组织成员平等的权益。

第三十四条 妇女享有的与男子平等的财产继承权受法律保护。在同一顺序法定继承人中,不得歧视妇女。

丧偶妇女有权处分继承的财产,任何人不得干涉。

第三十五条 丧偶妇女对公、婆尽了主要赡养义务的,作为公、婆的第一顺序法定继承人,其继承权不受子女代位继承的影响。

第六章 人身权利

第三十六条 国家保障妇女享有与男子平等的人身权利。

第三十七条 妇女的人身自由不受侵犯。禁止非法拘禁和以其他非法手段剥夺或者限制妇女的人身自由；禁止非法搜查妇女的身体。

第三十八条 妇女的生命健康权不受侵犯。禁止溺、弃、残害女婴；禁止歧视、虐待生育女婴的妇女和不育的妇女；禁止用迷信、暴力等手段残害妇女；禁止虐待、遗弃病、残妇女和老年妇女。

第三十九条 禁止拐卖、绑架妇女；禁止收买被拐卖、绑架的妇女；禁止阻碍解救被拐卖、绑架的妇女。

各级人民政府和公安、民政、劳动和社会保障、卫生等部门按照其职责及时采取措施解救被拐卖、绑架的妇女，做好善后工作，妇女联合会协助和配合做好有关工作。任何人不得歧视被拐卖、绑架的妇女。

第四十条 禁止对妇女实施性骚扰。受害妇女有权向单位和有关机关投诉。

第四十一条 禁止卖淫、嫖娼。

禁止组织、强迫、引诱、容留、介绍妇女卖淫或者对妇女进行猥亵活动。

禁止组织、强迫、引诱妇女进行淫秽表演活动。

第四十二条 妇女的名誉权、荣誉权、隐私权、肖像权等人格权受法律保护。

禁止用侮辱、诽谤等方式损害妇女的人格尊严。禁止通过大众传播媒介或者其他方式贬低损害妇女人格。未经本人同意，不得以营利为目的，通过广告、商标、展览橱窗、报纸、期刊、图书、音像制品、电子出版物、网络等形式使用妇女肖像。

第七章　婚姻家庭权益

第四十三条　国家保障妇女享有与男子平等的婚姻家庭权利。

第四十四条　国家保护妇女的婚姻自主权。禁止干涉妇女的结婚、离婚自由。

第四十五条　女方在怀孕期间、分娩后一年内或者终止妊娠后六个月内，男方不得提出离婚。女方提出离婚的，或者人民法院认为确有必要受理男方离婚请求的，不在此限。

第四十六条　禁止对妇女实施家庭暴力。

国家采取措施，预防和制止家庭暴力。

公安、民政、司法行政等部门以及城乡基层群众性自治组织、社会团体，应当在各自的职责范围内预防和制止家庭暴力，依法为受害妇女提供救助。

第四十七条　妇女对依照法律规定的夫妻共同财产享有与其配偶平等的占有、使用、收益和处分的权利，不受双方收入状况的影响。

夫妻书面约定婚姻关系存续期间所得的财产归各自所有，女方因抚育子女、照料老人、协助男方工作等承担较多义务的，有权在离婚时要求男方予以补偿。

第四十八条 夫妻共有的房屋，离婚时，分割住房由双方协议解决；协议不成的，由人民法院根据双方的具体情况，按照照顾子女和女方权益的原则判决。夫妻双方另有约定的除外。

夫妻共同租用的房屋，离婚时，女方的住房应当按照照顾子女和女方权益的原则解决。

第四十九条 父母双方对未成年子女享有平等的监护权。

父亲死亡、丧失行为能力或者有其他情形不能担任未成年子女的监护人的，母亲的监护权任何人不得干涉。

第五十条 离婚时，女方因实施绝育手术或者其他原因丧失生育能力的，处理子女抚养问题，应在有利子女权益的条件下，照顾女方的合理要求。

第五十一条 妇女有按照国家有关规定生育子女的权利，也有不生育的自由。

育龄夫妻双方按照国家有关规定计划生育，有关部门应当提供安全、有效的避孕药具和技术，保障实施节育手术的妇女的健康和安全。

国家实行婚前保健、孕产期保健制度，发展母婴保健事业。各级人民政府应当采取措施，保障妇女享有计划生育技术服务，提高妇女的生殖健康水平。

第八章 法律责任

第五十二条 妇女的合法权益受到侵害的，有权要求有关部门依法处理，或者依法向仲裁机构申请仲裁，或者向人民法院起诉。

对有经济困难需要法律援助或者司法救助的妇女，当地法律援助机构或者人民法院应当给予帮助，依法为其提供法律援助或者司法救助。

第五十三条 妇女的合法权益受到侵害的，可以向妇女组织投诉，妇女组织应当维护被侵害妇女的合法权益，有权要求并协助有关部门或者单位查处。有关部门或者单位应当依法查处，并予以答复。

第五十四条 妇女组织对于受害妇女进行诉讼需要帮助的，应当给予支持。

妇女联合会或者相关妇女组织对侵害特定妇女群体利益的行为，可以通过大众传播媒介揭露、批评，并有权要求有关部门依法查处。

第五十五条 违反本法规定，以妇女未婚、结婚、离婚、丧偶等为由，侵害妇女在农村集体经济组织中的各项权益的，或者因结婚男方到女方住所落户，侵害男方和子女享有与所在地农村集体经济组织成员平等权益的，由乡镇人民政府依法调解；受害人也可以依法向农村土地承包仲裁机构申请仲裁，或者向人民法院起诉，人民法院应当依法受理。

第五十六条 违反本法规定，侵害妇女的合法权益，其他法律、法规规定行政处罚的，从其规定；造成财产损失或者其他损害的，依法承担民事责任；构成犯罪的，依法追究刑事责任。

第五十七条 违反本法规定，对侵害妇女权益的申诉、控告、检举，推诿、拖延、压制不予查处，或者对提出申诉、控告、检举的人进行打击报复的，由其所在单位、主管部门或者上级机关责令改正，并依法对直接负责的主管人员和其他直接责任人员给予行政处分。

国家机关及其工作人员未依法履行职责，对侵害妇女权益的行为未及时制止或者未给予受害妇女必要帮助，造成严重后果的，由其所在单位或者上级机关依法对直接负责的主管人员和其他直接责任人员给予行政处分。

违反本法规定，侵害妇女文化教育权益、劳动和社会保障权益、人身和财产权益以及婚姻家庭权益的，由其所在单位、主管部门或者上级机关责令改正，直接负责的主管人员和其他直接责任人员属于国家工作人员的，由其所在单位或者上级机关依法给予行政处分。

第五十八条 违反本法规定，对妇女实施性骚扰或者家庭暴力，构成违反治安管理行为的，受害人可以提请公安机关对违法行为人依法给予行政处罚，也可以依法向人民法院提起民事诉讼。

第五十九条 违反本法规定，通过大众传播媒介或者其他方式贬低损害妇女人格的，由文化、广播电视、电影、新闻出版或者其他有关部门依据各自的职权责令改正，并依法给予行政处罚。

第九章 附 则

第六十条 省、自治区、直辖市人民代表大会常务委员会可以根据本法制定实施办法。

民族自治地方的人民代表大会，可以依据本法规定的原则，结合当地民族妇女的具体情况，制定变通的或者补充的规定。自治区的规定，报全国人民代表大会常务委员会批准后生效；自治州、自治县的规定，报省、自治区、直辖市人民代表大会常务委员会批准后生效，并报全国人民代表大会常务委员会备案。

第六十一条 本法自1992年10月1日起施行。

中华人民共和国社会保险法（摘录）

（2010年10月28日第十一届全国人民代表大会常务委员会第十七次会议通过　根据2018年12月29日第十三届全国人民代表大会常务委员会第七次会议《关于修改〈中华人民共和国社会保险法〉的决定》修正）

第六章　生育保险

第五十三条 职工应当参加生育保险，由用人单位按照国家规定缴纳生育保险费，职工不缴纳生育保险费。

第五十四条 用人单位已经缴纳生育保险费的，其职工享受生育保险待遇；职工未就业配偶按照国家规定享受生育医疗费用待遇。所需资金从生育保险基金中支付。

生育保险待遇包括生育医疗费用和生育津贴。

第五十五条 生育医疗费用包括下列各项：

（一）生育的医疗费用；

（二）计划生育的医疗费用；

（三）法律、法规规定的其他项目费用。

第五十六条 职工有下列情形之一的，可以按照国家规定享受生育津贴：

（一）女职工生育享受产假；

（二）享受计划生育手术休假；

（三）法律、法规规定的其他情形。

生育津贴按照职工所在用人单位上年度职工月平均工资计发。

女职工保健工作规定

（1993年11月26日卫生部、劳动部、人事部、全国总工会、全国妇联发布）

第一章 总 则

第一条 为保护女职工的身心健康及其子女的健康发育和成长，提高民族素质，根据《中华人民共和国妇女权益保障法》和《女职工劳动保护规定》，特制定本规定。

第二条 女职工保健工作必须贯彻预防为主的方针，注意女性生理和职业特点，认真执行国家有关保护女职工的各项政策和法规。

第三条 本规定适用于中华人民共和国境内的一切党政机关、人民团体和企业、事业单位。

第二章 组织措施

第四条 本规定由各单位分管女职工保健工作的行政领导负责组织本单位医疗卫生、劳动、人事部门和工会、妇联组织及有关人员共同实施。

第五条 县（含城市区）以上的各级妇幼保健机构，负责对管辖范围内的各单位实施本规定进行业务指导。

第六条 各单位的医疗卫生部门应负责本单位女职工保健工作。女职工人数在1000人以下的厂矿应设兼职妇女保健人员；女职工人数在1000人以上的厂矿，在职工医院的妇产科或妇幼保健站中应有专人负责女职工保健工作。

第三章 保健措施

第七条 月经期保健

1．宣传普及月经期卫生知识。

2．女职工在100人以上的单位，应逐步建立女职工卫生室，健全相应的制度并设专人管理，对卫生室管理人员应进行专业培训。女职工每班在100人以下的单位，应设置简易的温水箱及冲洗器。对流动、分散工作单位的女职工应发放单人自用冲洗器。

3．女职工在月经期间不得从事《女职工禁忌劳动范围的规定》中第四条所规定的作业。

4．患有重度痛经及月经过多的女职工，经医疗或妇幼保健机构确诊后，月经期间可适当给予1至2天的休假。

第八条　婚前保健

对欲婚女职工必须进行婚前卫生知识的宣传教育及咨询，并进行婚前健康检查及指导。

第九条　孕前保健

1．已婚待孕女职工禁忌从事铅、汞、苯、镉等作业场所属于《有毒作业分级》标准中第Ⅲ—Ⅳ级的作业。

2．积极开展优生宣传和咨询。

3．对女职工应进行妊娠知识的健康教育，使她们在月经超期时主动接受检查。

4．患有射线病、慢性职业中毒、近期内有过急性中毒史及其它有碍于母体和胎儿健康疾病者，暂时不宜妊娠。

5．对有过两次以上自然流产史，现又无子女的女职工，应暂时调离有可能直接或间接导致流产的作业岗位。

第十条　孕期保健

1．自确立妊娠之日起，应建立孕产妇保健卡（册），进行血压、体重、血、尿常规等基础检查。对接触铅、汞的孕妇，应进行尿中铅、汞含量的测定。

2．定期进行产前检查、孕期保健和营养指导。

3．推广孕妇家庭自我监护，系统观察胎动、胎心、宫底高度及体重等。

4．实行高危孕妇专案管理，无诊疗条件的单位应及时转院就诊，并配合上级医疗和保健机构严密观察和监护。

5．女职工较多的单位应建立孕妇休息室。妊娠满7个月应给予工间休息或适当减轻工作。

6．妊娠女职工不应加班加点，妊娠7个月以上（含7个月）一般不得上夜班。

7．女职工妊娠期间不得从事劳动部颁布的《女职工禁忌劳动范围的规定》第六条所规定的作业。

8．从事立位作业的女职工，妊娠满7个月后，其工作场所应设立工间休息座位。

9．有关女职工产前、产后、流产的假期及待遇按1988年国务院颁发的《女职工劳动保护规定》（国务院令第9号）和1988年劳动部《关于女职工生育待遇若干问题的通知》（劳险字＜1988＞2号）执行。

第十一条 *产后保健*

1．进行产后访视及母乳喂养指导。

2．产后42天对母子进行健康检查。

3．产假期满恢复工作时，应允许有1至2周时间逐渐恢复原工作量。

第十二条 *哺乳期保健*

1．宣传科学育儿知识，提倡4个月内纯母乳喂养。

2．对有未满1周岁婴儿的女工，应保证其授乳时间。

3. 婴儿满周岁时，经县（区）以上（含县、区）医疗或保健机构确诊为体弱儿，可适当延长授乳时间，但不得超过6个月。

4. 有未满1周岁婴儿的女职工，一般不得安排上夜班及加班、加点。

5. 有哺乳婴儿5名以上的单位，应逐步建立哺乳室。

6. 不得安排哺乳女职工从事《女职工劳动保护规定》和《女职工禁忌劳动范围的规定》所指出的作业。

第十三条 更年期保健

1. 宣传更年期生理卫生知识，使进入更年期的女职工得到社会广泛的关怀。

2. 经县（区）以上（含县、区）的医疗或妇幼保健机构诊断为更年期综合症者，经治疗效果仍不显著，且不适应原工作的，应暂时安排适宜的工作。

3. 进入更年期的女职工应每1至2年进行一次妇科疾病的查治。

第十四条 对女职工定期进行妇科疾病及乳腺疾病的查治。

第十五条 女职工浴室要淋浴化。厕所要求蹲位。

第十六条 建立健全女职工保健工作统计制度。

第四章 监督管理

第十七条 各级卫生行政部门会同同级劳动、人事部门，工会及妇联组织对本规定的实施情况进行监督。

第十八条 凡违反本规定第七条第3款第（1）、（2）、（3）项、

第十条第7、9款、第十二条第2、6款的单位负责人或直接责任者,可依据《女职工劳动保护规定》第十三条规定进行处理。

第十九条 凡违反本规定其它条款的单位或直接责任者,各级卫生行政部门可根据情节给予警告、通报批评、限期改进的处罚。

第二十条 女职工违反国家有关计划生育规定的,其女职工的保健应当按照国家有关计划生育规定办理。

第五章 附 则

第二十一条 本规定中所称企业,系指全民、城镇集体企业,中外合资、合作、独资企业,乡镇企业,农村联户企业、私人企业等。

第二十二条 女职工包括单位固定女职工、合同制女职工、临时女职工。

第二十三条 本规定由中华人民共和国卫生部负责解释。

第二十四条 本规定由颁发之日起实施。

图书在版编目（CIP）数据

女职工劳动保护特别规定 / 学习强会编. —北京：中国工人出版社，2022.8
（全国职工"八五"普法简明读本）
ISBN 978-7-5008-7954-1

Ⅰ.①女⋯ Ⅱ.①学⋯ Ⅲ.①妇女劳动保护—劳动法—中国—通俗读物 Ⅳ.①D922.544

中国版本图书馆CIP数据核字（2022）第143809号

女职工劳动保护特别规定

出 版 人	董　宽
责任编辑	安　静　周子欣
责任校对	张　彦
责任印制	栾征宇
出版发行	中国工人出版社
地　　址	北京市东城区鼓楼外大街45号　邮编：100120
网　　址	http://www.wp-china.com
电　　话	（010）62005043（总编室）
	（010）62005039（印制管理中心）
	（010）62382916（工会与劳动关系分社）
发行热线	（010）82029051　62383056
经　　销	各地书店
印　　刷	三河市万龙印装有限公司
开　　本	850毫米×1168毫米　1/32
印　　张	2.875
字　　数	49千字
版　　次	2022年10月第1版　2024年12月第5次印刷
定　　价	18.00元

本书如有破损、缺页、装订错误，请与本社印制管理中心联系更换
版权所有　侵权必究